W0047540

Gemüse ist mein Fleisch

Vegetarisch grillen

Torsten Mertz

Verlag Parkstraße

Bibliografische Information der Deutschen Nationalbibliothek

Die Deutsche Nationalbibliothek verzeichnet diese Publikation in der Deutschen Nationalbibliografie; detaillierte bibliografische Daten sind im Internet über http://dnb.d-nb.de abrufbar.

Titel: Gemüse ist mein Fleisch – Vegetarisch grillen
© 2009 (2. Auflage) – Verlag Parkstraße, München
Volker Eidems
Parkstraße 20
80339 München
www.verlag-parkstrasse.de

Alle Rechte vorbehalten

Herstellung: Books on Demand GmbH, Norderstedt
ISBN: 978-3-941556-00-3

Inhalt

Gefüllte Spitzpaprika mit Feta

pikant, ganz einfach

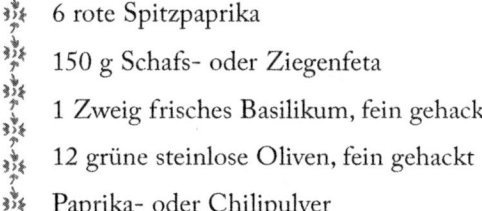

- 6 rote Spitzpaprika
- 150 g Schafs- oder Ziegenfeta
- 1 Zweig frisches Basilikum, fein gehackt
- 12 grüne steinlose Oliven, fein gehackt
- Paprika- oder Chilipulver

Die Deckel der Paprikaschoten abschneiden und die Kerne entfernen.

Fetakäse zerkrümeln oder zerdrücken, Basilikumblätter abzupfen und mit den Oliven fein hacken.

Käse mit Gewürzen, Kräutern und Oliven mischen und in die Paprikaschoten füllen.

Auf dem Rost grillen, bis die Paprika Blasen wirft.

Radicchio mit Blauschimmelkäse

würzig

- 6 kleine Köpfe Radicchio
  (die längliche Variante Radicchio Rosso di Treviso)
- 125 g Blauschimmelkäse
- 50 g gehackte Haselnusskerne
- Saft einer halben Zitrone
- schwarzer Pfeffer aus der Mühle

Den Radicchio waschen, putzen und trocken schütteln. Der Länge nach halbieren. Blauschimmelkäse zerdrücken, mit den gehackten Haselnüssen, Zitronensaft und etwas Pfeffer mischen.

Die Käsemasse in die Radicchiohälften streichen. Diese wieder zusammensetzen und in leicht eingeölter Alufolie etwa 10 Minuten grillen. Zwischendurch wenden.

Variante: Mit Blauschimmelkäse schmeckt auch Fenchel sehr gut. Die Grillzeit hier etwas verlängern.

Austernpilze mit Minze

vegan, sehr ausgefallen

- 400 g Austernpilze
- 4 EL Pflanzenöl
- 1 Knoblauchzehe, gehackt
- 1 Zweig Minze, gehackt
- Saft einer halben Zitrone
- Cayennepfeffer, Salz

Die Austernpilze von ihren harten Stielenden befreien. Öl mit gehacktem Knoblauch, Pfeffer, Salz, der gehackten Minze und dem Zitronensaft mischen. Die Pilze darin wenden und etwa eine halbe Stunde marinieren.

Auf dem Rost einige Minuten grillen, dabei hin und wieder wenden und mit der restlichen Marinade bestreichen.

Gefüllte Champignons mit Fetakäse

pikant

- 6 Riesenchampignons
- 100 g Fetakäse, in Würfel geschnitten
- 1 Knoblauchzehe, fein gehackt
- Pfeffer, Rosenpaprika oder Chilipulver
- etwas Olivenöl

Die Champignons abbürsten und gut abtrocknen. Die Stiele herausdrehen.

Feta in kleine Würfel schneiden, Knoblauch fein hacken. Käsewürfel mit Knoblauch vermengen und mit Pfeffer, Rosenpaprika oder Chili nach Belieben kräftig würzen.

Die Fetamasse in die Champignons füllen. Die gefüllten Champignons mit Olivenöl bepinseln, an einer nicht zu heißen Stelle auf den Grill legen und etwa 10 Minuten grillen, bis sie schrumplig sind.

Feta-Zucchini-Schiffchen

mediterran

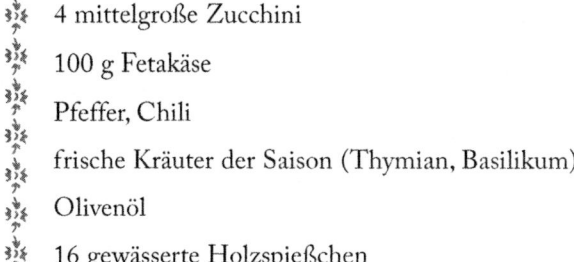

- 4 mittelgroße Zucchini
- 100 g Fetakäse
- Pfeffer, Chili
- frische Kräuter der Saison (Thymian, Basilikum)
- Olivenöl
- 16 gewässerte Holzspießchen

Zucchini längs halbieren, aushöhlen, größere Kerne entfernen. Einen Teil des „Innenlebens" mit Feta vermischen und kräftig mit Pfeffer, Chili und den Kräutern würzen.

Diese Masse wieder in die Zucchini füllen, die Zucchinihälften mit Holzspießchen zusammenstecken und mit Olivenöl bepinseln.

Bei schwacher Hitze etwa 10 Minuten grillen.

Riesenchampignons mit Pecorino und getrockneten Tomaten

südlich würzig

- 6 Riesenchampignons
- 100 g Pecorinokäse
- 12 getrocknete, in Öl eingelegte Tomaten
- einige Blättchen frischer Thymian
- 1 Knoblauchzehe, gehackt
- weißer Pfeffer, Salz
- Olivenöl

Champignons putzen, ggf. schälen, die Stiele herausdrehen und fein würfeln.

Den Pecorino grob reiben, getrocknete Tomaten hacken und mit den Champignonwürfeln, Thymian, Knoblauch, Pfeffer und wenig Salz mischen, ggf. mit einem Pürierstab verrühren. Masse in die Champignonköpfe füllen.

Die gefüllten Champignonköpfe mit Olivenöl bepinseln und an einer nicht zu heißen Stelle auf den Grill legen. Etwa 10 Minuten grillen, bis sie rundum schrumplig sind.

Variante: italienische Champignonköpfe mit Tomate, Mozzarella, frischem Basilikum, Limonensaft und Olivenöl.

Knuspriger Zuckermais

ein Klassiker

- 4 Kolben Zuckermais
- Butter
- Salz, schwarzer Pfeffer aus der Mühle

Zuckermais gut 20 Minuten in leicht gesalzenem Wasser kochen.

Rundum etwa eine Viertelstunde lang zartbraun grillen, dann mit Butter oder Kräuterbutter bestreichen, nach Geschmack salzen und pfeffern. Zum besseren Anfassen ggf. in beide Enden Zahnstocher stecken.

Minziger Fenchel

vegan, erfrischend und leicht

- 50 ml Olivenöl
- Saft einer Zitrone
- 2 große Fenchelknollen
- 1 Zweig frische Minze
- Kräutersalz, schwarzer Pfeffer

Aus Olivenöl, Zitronensaft, Salz und Pfeffer eine Marinade zubereiten.

Fenchelknollen waschen und so in etwa 1 cm dicke Scheiben schneiden, dass diese noch zusammenhalten. Die Fenchelscheiben einige Minuten in die Marinade einlegen.

Fenchel auf dem Rost auf jeder Seite einige Minuten hellbraun grillen.

Zwischenzeitlich die fein gehackte Minze in die Marinade einrühren. Zum Ende der Grillzeit die Fenchelscheiben mit dem Minzöl bestreichen.

Variante: Neben Fenchel eignen sich auch Zucchini- oder Auberginenscheiben.

Grilltomaten

mediterraner Klassiker, vegan

- 4 große Tomaten
- 1 Zweig Thymian
- 1 Zweig Oregano
- 10 Blätter Basilikum
- 2 Knoblauchzehen
- 4 EL Olivenöl
- Salz, Pfeffer
- Alufolie

Tomaten quer halbieren und jede Hälfte auf ein Stück Alufolie setzen.

Kräuter, Knoblauch und Gewürze fein hacken – am besten in einem Mörser zu einer Paste zerreiben – und mit dem Öl vermischen.

Die Kräuterpaste auf die Tomatenhälften verteilen, mit Alufolie verschließen und für rund 15 Minuten auf den Grillrost legen.

Gefüllte Zucchini

sehr pikant

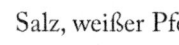

- 50 g Grünkernschrot
- 4 mittelgroße Zucchini
- 1 Bund Petersilie, gehackt
- 100 g Blauschimmelkäse
- Salz, weißer Pfeffer

Den Grünkernschrot 1 Stunde in warmer Gemüsebrühe quellen lassen.

Die Zucchini längs halbieren und einen Teil des Fleisches mit einem Löffel entnehmen. Größere Kerne entfernen.

Das Zucchinifleisch klein hacken, mit der gehackten Petersilie und dem Käse vermengen. Mit Salz und Pfeffer würzen. Die Masse in die ausgehöhlten Zucchinihälften füllen und mit Öl bestreichen.

Bei mittlerer Hitze rund 10 Minuten auf dem Grill garen.

Mozzarellazwiebeln

mild, leicht süßlich

- 4 mittelgroße Zwiebeln
- 1 Kugel Mozzarella
- 1 Zitrone
- 20 g Mandelsplitter
- Alufolie

Zwiebeln schälen und halbieren. Das Innere (bis auf die beiden äußeren Schalen) entfernen.

Mozzarella in Würfel schneiden. Zitrone schälen – auch die weiße Haut entfernen – und ebenfalls würfeln.

Käse- und Zitronenwürfel mit Mandelsplittern mischen und in die ausgehöhlten Zwiebeln füllen.

Zwiebeln in Alufolie wickeln und auf dem Rost bei mittlerer Hitze etwa 15 Minuten garen.

Knusprige Kürbisspalten

ganz einfach, vegan

- 500 g Muskatkürbis
- 2 Stiele frischer Rosmarin
- 6 EL Pflanzenöl
- 2 EL Balsamicoessig
- Salz, Pfeffer

Den Kürbis entkernen und in 1 cm dicke Spalten schneiden.

Rosmarinblätter abzupfen, mit Öl, Essig, Salz und Pfeffer mischen.

Die Kürbisspalten mit Würzöl bepinseln und auf dem Rost rund 10 Minuten grillen, dabei ab und zu wenden und mit Öl bepinseln.

Radicchio vom Rost

vegan, sehr einfach

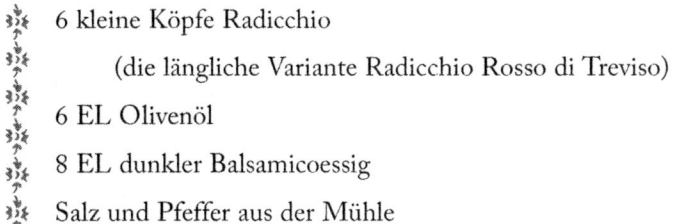

- 6 kleine Köpfe Radicchio
  (die längliche Variante Radicchio Rosso di Treviso)
- 6 EL Olivenöl
- 8 EL dunkler Balsamicoessig
- Salz und Pfeffer aus der Mühle

Den Radicchio waschen, putzen und trocken schütteln. Der Länge nach halbieren und in einer Schüssel mit Essig und Öl beträufeln. Pfeffer und Salz darübermahlen. Den Radicchio mehrfach wenden, damit er rundum und auch zwischen den Blättern mit Marinade benetzt ist.

Radicchio etwa 10–15 Minuten bei schwacher Hitze grillen, dabei häufig wenden und mit der restlichen Marinade bestreichen.

Gefüllte Spitzpaprika mit Polenta

exotisch, mild

- 6 gelbe Spitzpaprika
- 1 mittelgroße Zwiebel, in kleine Würfel geschnitten
- 200 ml Wasser
- 50 g grobe Polenta (Maisgrieß)
- 30 g Erbsen
- 20 g Parmesan, gerieben
- 30 g Rosinen
- Currypulver

Die Spitzpaprika kurz in kochendem Wasser blanchieren. Dann die Deckel der Schoten abschneiden und die Kerne entfernen.

Für die Polenta: Zwiebel in Butter anschwitzen, mit Wasser aufgießen und aufkochen. Dann die Herdplatte auf kleine Hitze zurückschalten und unter ständigem Rühren nach und nach den Maisgrieß zugeben. Die Erbsen hinzufügen und mit geschlossenem Topfdeckel 10 Minuten köcheln lassen. Dann den Herd ausschalten, den Parmesan einrühren und weitere 15 Minuten ziehen lassen.

Polenta mit Rosinen und Currypulver vermengen und in die Paprikaschoten füllen. Auf dem Rost grillen, bis die Paprikaschoten Blasen werfen.

Wiener Sellerieschnitzel

ganz zart

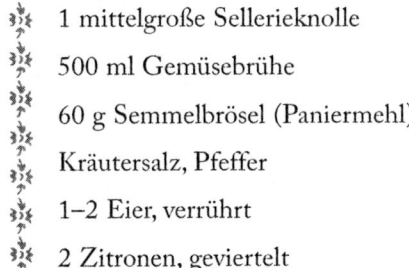

- 1 mittelgroße Sellerieknolle
- 500 ml Gemüsebrühe
- 60 g Semmelbrösel (Paniermehl)
- Kräutersalz, Pfeffer
- 1–2 Eier, verrührt
- 2 Zitronen, geviertelt

Sellerie schälen, der Länge nach halbieren und in etwa 2 cm dicke Scheiben schneiden. In Gemüsebrühe etwa 8 Minuten kochen, dann abkühlen lassen und trocken tupfen.

Paniermehl kräftig mit Kräutersalz und Pfeffer würzen.

Abgekühlte Selleriescheiben 2–3 Mal in verquirltem Ei und danach im Paniermehl wenden.

Auf den Grill legen und vorsichtig wenden. Klassisch mit Zitronensaft oder mit kräftigen Saucen servieren.

Stockbrot

der Star aller Kinder

- 250 g Mehl + 20 g frische Hefe (oder 1 Päckchen Trockenhefe)
- 1 TL Salz
- 1 EL flüssiger Honig
- 5 EL Olivenöl
- 6 gut 1 m lange Stöcke

Für den Teig Mehl und Salz in einer Schüssel mischen. Zerbröckelte Hefe, 150 ml lauwarmes Wasser, Honig und 3 EL Olivenöl (sowie nach Geschmack getrocknete Kräuter, geriebenen Parmesan, Oliven und Knoblauch) zugeben. Alle Zutaten mit den Knethaken des Handrührers zu einem glatten Teig verkneten. Dann auf einer bemehlten Unterlage mit den Händen geschmeidig kneten. Zugedeckt an einem warmen Ort 30 Minuten gehen lassen.

Sechs lange, kräftige Stöcke zurechtschneiden und ggf. die Rinde abschälen.

Teig auf einer bemehlten Fläche nochmals gut durchkneten. Dann in sechs gleich große Stücke teilen. Zu „Teigwürsten" von 20 cm Länge formen. Teig um die Stöcke wickeln, sodass sich die Enden berühren. Stockbrot über die heiße Glut halten und knusprig rösten. Dabei den Stock ständig drehen.

Variante: mediterranes Stockbrot. Zum Grundrezept 3 TL getrocknete italienische Kräuter, 15 grüne oder schwarze, geschnittene Oliven und 3 gehackte Knoblauchzehen hinzufügen.

Grillkäse

*****

Der Favorit unter den Grillkäsen ist eindeutig Halloumi, ein halbfester Käse aus Kuh-, Schafs- und/oder Ziegenmilch. Diese Spezialität Zyperns ähnelt Mozzarella, ist aber fester und würziger – und quietscht beim Kauen. Anders als die meisten anderen Käse behält Halloumi seine Form, wenn er erhitzt wird. Er eignet sich hervorragend für Grillspieße.

Aus Griechenland ist Saganaki bekannt, der aus panierten halbfestem bis festem Schafs- oder Ziegenkäse (Feta) hergestellt wird. Nicht panierter Feta findet in der Regel seinen Weg durch die Stäbe des Grillrosts. Saganaki wird in Griechenland mit Zitronenscheiben und Weißbrot serviert.

Zunehmend gelangen „Grillkäse“ in die Kühlregale der Supermärkte, etwa Schweizer „Pfännli-Chäs“ ohne Panade, pur oder mit Gewürz. Laut Hersteller ohne Geschmacksverstärker und Zusatzstoffe. Diverse Hersteller bieten auch panierten Grillkäse an, der mitunter etwas geschmacksarm daherkommt – und die Panade muss hier wirklich nicht sein.

Halloumi-Kräuter-Spieße

sehr würzig

- 250 g Halloumikäse
- 1 Paprikaschote + 1 rote Zwiebel
- 8 kleine Champignons + 8 grüne oder schwarze Oliven ohne Stein
- je 1 Zweig frischer Thymian, Oregano, Minze
- 1 Knoblauchzehe
- 4 TL Olivenöl
- Saft einer Zitrone
- Chilipulver
- 8 gewässerte Holz- oder Metallspieße

Halloumi in 2,5 cm große Würfel schneiden. Paprikaschote säubern, Zwiebel schälen und beides ebenfalls in Würfel schneiden. Die Pilze putzen.

Für die Marinade die frischen Kräuter und den Knoblauch hacken, mit Chilipulver, Zitronensaft und Öl mischen.

Gemüse und Käse abwechselnd auf die Spieße stecken. In einer Schüssel mit Marinade übergießen und 24 Stunden im Kühlschrank ziehen lassen. Dabei gelegentlich vorsichtig wenden.

Die Spieße bei mittlerer Hitze rund 10 Minuten von allen Seiten grillen, ab und zu mit Marinade bepinseln.

Seitan-Frühlingszwiebel-Spieße

vegan

- 200 g Seitan
- 8 EL Sojasauce
- 1 TL Ingwerpulver
- ½ TL Curry
- 8 Frühlingszwiebeln
- 8 gewässerte Holz- oder Metallspieße

Seitan waschen und abtrocknen, in etwa 2 cm große Würfel schneiden.

Aus Sojasauce, Ingwer und Curry eine Marinade bereiten und den Seitan darin über Nacht ziehen lassen.

Frühlingszwiebeln waschen und den oberen Teil der Blätter entfernen. Zwiebeln in Stücke von etwa 3 cm Länge schneiden.

Abwechselnd Frühlingszwiebelstücke und Seitanwürfel auf die Spieße stecken. Spieße beim Grillen mehrmals wenden, zwischendurch mit der Marinade bestreichen.

Variante: Statt Seitan kann auch Tofu oder Quorn verwendet werden.

Gemüsespieße Jamaika-Koalition

sehr einfach, vegan

- 3 kleine, grüne Zucchini
- 2 mittelgroße, gelbe Paprika
- 18 schwarze Oliven
- Olivenöl
- 2 TL mediterrane Kräuter
- schwarzer Pfeffer
- etwas Kräutersalz
- 6 gewässerte Holz- oder Metallspieße

Die Zucchini in knapp 2 cm dicke Ringe, die Paprika in etwa 2 cm große Stücke schneiden. Gemüse und Oliven abwechselnd auf die Spieße stecken.

Aus Olivenöl, Kräutern, Pfeffer und Salz eine Marinade bereiten, die Spieße darin wenden und einige Minuten ziehen lassen.

Die Gemüsespieße rundum etwa 8 Minuten grillen. Dabei hin und wieder mit der Marinade bestreichen.

Varianten: Für Gemüsespieße eignen sich zahlreiche Gemüsesorten, vor allem Champignons, Zucchini, Cocktailtomaten, Paprikaschoten, Zwiebeln, Auberginen, Oliven, Zuckermaisscheiben oder Maiskölbchen aus dem Glas. Die Marinade kann mit Oregano, Zitronenthymian, Rosmarin oder auch Petersilie, Dill etc. bereitet werden.

Pommes spezial

der Imbissklassiker neu interpretiert

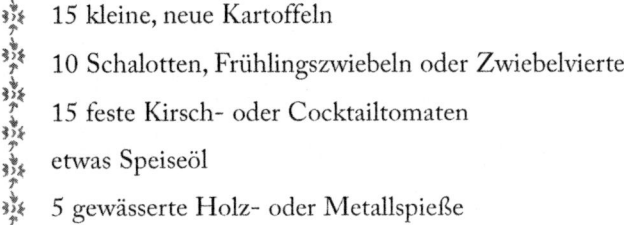

- 15 kleine, neue Kartoffeln
- 10 Schalotten, Frühlingszwiebeln oder Zwiebelviertel
- 15 feste Kirsch- oder Cocktailtomaten
- etwas Speiseöl
- 5 gewässerte Holz- oder Metallspieße

Die gewaschenen Kartoffeln rund 10 Minuten als Pellkartoffeln kochen.

Schalotten oder Zwiebeln schälen, gegebenenfalls vierteln.

Abwechselnd Kartoffeln, Schalotten und Tomaten auf Holzspieße stecken. Die Spieße während des Grillens häufiger wenden und hin und wieder mit etwas Öl bestreichen.

Dazu passen natürlich Ketchup und Mayonnaise.

Halloumi-Frühlingszwiebel-Champignon-Spieße

ein Geschmacksfeuerwerk

- 200 g Halloumikäse
- 8 Frühlingszwiebeln
- 24 kleine oder 12 große Champignons
- etwas Olivenöl
- 8 gewässerte Holz- oder Metallspieße

Halloumikäse in 2 cm große Würfel schneiden. Frühlingszwiebeln waschen und den oberen Teil der grünen Blätter entfernen. Zwiebeln in Stücke von etwa 3 cm Länge schneiden. Champignons vorsichtig putzen, große Pilze halbieren.

Abwechselnd Halloumiwürfel, Frühlingszwiebelstücke und Champignons auf die Spieße stecken. Auf dem Grill mit etwas Olivenöl bestreichen und von Zeit zu Zeit wenden.

Grünkern-Cevapcici

Grillstandard auf vegetarisch

- 130 g Grünkernschrot
- 220 ml Gemüsebrühe
- 1 Zwiebel + 2 Knoblauchzehen + 2 Bio-Eier
- je 1 Stiel frischer Thymian und Oregano
- Kräutersalz, Paprikapulver
- ca. 60 g Semmelbrösel
- etwas Speiseöl
- 8 gewässerte Holz- oder Metallspieße

Grünkernschrot in einer Pfanne trocken anrösten, dann mit heißer Gemüsebrühe aufgießen, aufkochen und bei schwacher Hitze 10 Minuten quellen lassen. Für 20 Minuten kalt stellen. Zwiebel und Knoblauch sehr fein würfeln. 16 Holzspieße in kaltes Wasser legen und 30 Minuten quellen lassen.

Grünkernmasse, Zwiebel, Knoblauch, Eier, Gewürze und Semmelbrösel zu einer glatten Masse verkneten. Kräftig mit Salz würzen. Die Masse muss fest und trocken sein. Gegebenenfalls etwas Mehl hinzufügen. Um die Spieße herum Rollen aus der Masse formen, auf einem Teller in Öl wenden.

Grillrost mit Öl bestreichen oder Cevapcici in eine Grillschale legen, von allen Seiten 8–10 Minuten grillen. Da vegetarische Cevapcici gerne am Rost haften, erst wenden, wenn sie fest geworden sind. Dazu passen Ajvar (serbischer Paprikasalat) und Zwiebelwürfel.

Seitan-Zitronengras-Spieße an Erdnusssauce

sehr nussig, vegan

- 250 g Seitan
- Saft einer unbehandelten Zitrone
- 10 g frischer Ingwer
- 2 EL Sojasauce
- 1 EL Reisessig
- 1 TL Sesamöl
- 6 Stängel Zitronengras
- 30 g Erdnussbutter

Seitan in etwa 2 cm große Würfel schneiden und in eine Marinade aus Zitronensaft, Ingwer, Sojasauce, Reisessig und Sesamöl einlegen.

Für die Sauce etwas leichte Gemüsebrühe mit Zitronengras- und Ingwerstücken aufkochen, einen Teil der Marinade dazugeben und Erdnussbutter einrühren, bis die Sauce eindickt.

Seitanwürfel auf die Zitronengrasstiele stecken und kross grillen. Mit der Erdnusssauce servieren.

Auberginenröllchen

Gäste rollen mit den Augen

- 2 mittelgroße Auberginen
- Saft einer Zitrone
- 1 rote Paprikaschote
- 1 Bund Frühlingszwiebeln
- ½ Bund Basilikum
- 3 Esslöffel Frischkäse
- ½ Teelöffel Paprikapulver
- ½ Teelöffel Curry
- Pfeffer + Salz
- Öl zum Bestreichen
- 6 Holz- oder Metallspieße

Auberginen längs in etwa 1 cm dicke Scheiben schneiden und in siedenden Salz-Zitronen-Wasser 2-3 Minuten blanchieren. Mit der Schaumkelle herausnehmen und trockentupfen.

Paprika vierteln, entkernen und in 2 cm lange Stücke schneiden. Frühlingszwiebeln vom Grün und von den Wurzeln befreien.

Basilikum grob hacken, mit Frischkäse, Paprika, Curry und Pfeffer verrühren und mit etwas Salz abschmecken. Auf die Auberginen streichen und aufrollen.

Auberginenröllchen abwechselnd mit Paprikastücken auf die Spieße stecken. Mit Öl bestreichen und etwa 3 Minuten auf jeder Seite grillen.

Tofu-Paprika-Spieße

vegan

- 200 g fester Tofu
- 1 große gelbe oder rote Paprikaschote
- 24 kleine oder 12 mittelgroße Champignons
- 50 ml Olivenöl + 3 EL Sojasauce
- 2 TL frischer Ingwer, fein gehackt
- 2 Knoblauchzehen, fein gehackt
- 3 kleine Zucchini
- 12 Frühlingszwiebeln
- 8 gewässerte Holzspieße oder Metallspieße

Tofu in 2 cm große Würfel schneiden, Paprika entkernen und in Stücke schneiden, größere Champions halbieren.

In einer Schüssel Olivenöl, Sojasauce, Ingwer und Knoblauch gut verrühren. Auf die Spieße im Wechsel Tofu, Zucchini, Zwiebel, Champignon- und Paprikastücke spießen. In eine Schale legen und mit der Marinade übergießen. Zugedeckt 1 Stunde stehen lassen.

Spieße auf den Grillrost legen. Mit Marinade einpinseln und von allen Seiten grillen, bis die Tofustücke leicht gebräunt sind. Hin und wieder nachpinseln.

Variante: Statt Tofu kann natürlich auch Seitan oder Quorn verwendet werden.

Maultaschen am Spieß

Obacht bei schwäbischen Gästen!

- 200 g vegetarische Maultaschen aus dem Kühlregal
- 12 Frühlingszwiebeln
- 12 Champignons
- Butter oder Kräuterbutter
- schwarzer Pfeffer
- 6 gewässerte Holzspieße

Maultaschen in reichlich kochendem Salzwasser garen, in etwa 3 cm breite Streifen schneiden.

Frühlingszwiebeln putzen, waschen, das Grün in feine Ringe schneiden. Champignons putzen und eventuell halbieren.

Abwechselnd Maultaschenstücke, Frühlingszwiebeln und Champignons auf Spieße stecken und auf dem Rost anbräunen.

Mit Butter anrichten und mit Zwiebelringen und etwas frischem Pfeffer bestreuen.

Zucchiniröllchen

fein und würzig, vegan

- 400 g Zucchini
- 1 rote Paprikaschote
- 2 Knoblauchzehen
- 1 EL Kräuter der Provence
- 5 EL Olivenöl
- Pfeffer
- Salz
- 6 Holz- oder Metallspieße

Zucchini waschen und putzen und mit einem Sparschäler der Länge nach in Scheiben schneiden. Paprika in dünne Streifen schneiden.

Aus gehacktem Knoblauch, Kräutern, Pfeffer, Salz und Öl ein Kräuteröl anrühren und die Zucchinischeiben damit bestreichen.

Zwischen je 2 Zucchinischeiben einen Paprikastreifen legen und aufrollen. Röllchen auf Spieße stecken und auf dem Grill rund 5 Minuten auf jeder Seite goldbraun rösten.

Hawaii-Spieße

erfrischend exotisch

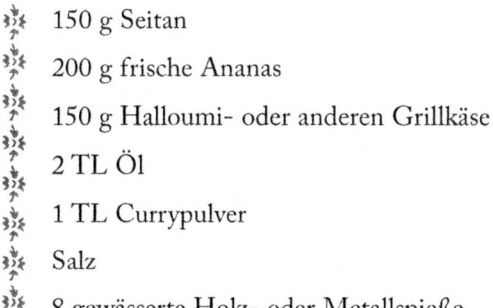

- 150 g Seitan
- 200 g frische Ananas
- 150 g Halloumi- oder anderen Grillkäse
- 2 TL Öl
- 1 TL Currypulver
- Salz
- 8 gewässerte Holz- oder Metallspieße

Seitan waschen, trocken tupfen und in etwa 2,5 cm dicke Stücke schneiden. 2 cm dicke Scheiben von einer geschälten Ananas abschneiden, schälen und in 2,5 cm große Stücke teilen. Halloumi in ähnlich große Würfel schneiden.

Die Zutaten abwechselnd auf Spieße stecken.

Currypulver mit Öl und einer Prise Salz vermischen. Die Spieße darin wenden und 8–10 Minuten grillen, dabei mehrmals wenden. Dazu passt Mangochutney.

Fleischimitate

*****

Vielen, die sich fleischlos ernähren, fehlen dann und wann die Konsistenz und die Würze von Fleisch. Das geht natürlich nicht allen Vegetariern so, aber bei der Gartenparty vermisst doch der eine oder andere ein krosses, würziges Grillstück auf dem Teller. In der Folge scheitern dann viele Neu- oder Teilzeitvegetarier am heißen Rost.

Das muss natürlich nicht sein. Mittlerweile können die fleischlosen Genießer problemlos mithalten, denn vegetarisch zu grillen bedeutet keineswegs pures Gemüserösten: Seit einigen Jahren bestücken die Bioläden und Reformhäuser ihre Kühlregale mit immer neuen Pseudofleischvarianten auf pflanzlicher Basis. Die Food-Designer arbeiten an immer neuen Imitaten, die kaum noch vom tierischen Vorbild zu unterscheiden sind. Das gelingt ihnen leider nicht immer: Wer von laschen Tofuschnitzeln mit aufgemalten Grillstreifen gekostet oder die falschen Sojawürste erwischt hat, greift beim nächsten Mal wieder zum ehrlichen Gemüsespieß oder legt sich einen Grillkäse auf den Rost. Fortgeschrittene schwören hingegen auf Seitan und können damit locker auch die eingefleischten Kotelettefans überzeugen.

Der Klassiker: Tofu

Tofu ist ein traditionelles asiatisches Lebensmittel auf Sojabasis. Aus Sojamilch wird das Eiweiß mithilfe eines Gerinnungsmittels ausgefällt, anschließend wird die Masse ausgepresst, bis die gewünschte Festigkeit erreicht ist. Tofu ist leicht bekömmlich, enthält alle essenziellen Aminosäuren, hat aber keine faserige Fleischkonsistenz. Zum Grillen oder Braten sollte man unbedingt festen Tofu verwenden. Da ungewürzter Tofu genau genommen nach gar nichts schmeckt, braucht er eine ordentliche Dosis Gewürze. Geschmackvolle Alternativen gibt es im

Bioladen, zum Beispiel geräuchert oder abgeschmeckt mit verschiedenen Kräutern, Algen oder Nüssen.

An die konventionell sozialisierten Vegetarier richtet sich eine recht große Vielfalt von Tofuwürstchen oder sogenannten Bratstücken. Sie sind mitunter geschmacklich gar nicht so weit von ihren Vorbildern entfernt, die Konsistenz ist allerdings oft eher breiig. Da die Sojabohne eine der am weitest verbreiteten gentechnisch manipulierten Nutzpflanzen ist, sollten Tofuprodukte unbedingt im Bioladen erworben werden. In Zukunft häufiger wird uns wohl ein quarkähnliches, mit Tofu vergleichbares Eiweißprodukt aus der heimischen Süßlupine begegnen und möglicherweise eine Alternative zu importierter Soja bieten. Es ist beispielsweise unter dem Namen Lopino im Handel. Menschen, die eine Erdnussallergie haben oder gegen Soja allergisch sind, sollten hier allerdings aufpassen: Es sind wohl bei dem einen oder anderen schon allergische Reaktionen aufgetaucht.

Der Favorit: Seitan

Das mit Abstand beste Geschmackserlebnis bietet Seitan, der sich wunderbar zu Schaschlikspießen für den Grill veredeln lässt. Seitan stammt aus der chinesischen Küche und wurde von vegetarisch lebenden Mönchen entwickelt. Menschen mit Weizenallergie sollten allerdings die Zähne davon lassen, denn Seitan ist reines Weizeneiweiß, das aus dem Weizenkorn isoliert und mit Sojasauce mariniert wurde. Es hat eine bissfeste, fleischähnliche Konsistenz, die ein wenig an Leber erinnert.

Seitan lässt sich auch relativ einfach selbst herstellen. Dazu wird weißes Weizenmehl mit Wasser zu einem Teig verknetet und etwa eine Stunde ruhen gelassen. Dann wäscht man in Wasser durch Kneten die Stärke aus, sodass eine zähe, glutenreiche Masse zurückbleibt. Alternativ zu Weizenmehl kann auch Glutenmehl verwendet werden, bei dem die Stärke bereits entfernt wurde. Den Geschmack und die fleischartige Konsistenz erhält Seitan durch Kochen der Rohmasse in einer würzigen Marinade, die traditionell aus Sojasauce, Algen und Gewürzen besteht.

Fleischimitat der Zukunft: Quorn

Was die Vorreiter vegetarischer Fertiggerichte aus Großbritannien schon seit Ende der 1980er auf dem Teller haben, gibt es bis heute nur sehr vereinzelt in Deutschland: Quorn aus fermentiertem Schimmelpilzmyzel. Das klingt in der Tat etwas eklig. Dafür ist Quorn von der Konsistenz und vom Geschmack her recht gut mit hellem Fleisch zu vergleichen. Das Mycoprotein stammt laut Hersteller aus der Familie der Champignons und Trüffel – das klingt dann schon deutlich appetitlicher. Quorn ist allerdings nicht rein pflanzlich, es enthält Bestandteile vom Hühnerei.

Wer Quorn probieren will, muss entweder einen Schweizer Migros-Supermarkt aufsuchen oder aber in Belgien, Holland oder Großbritannien in die Kühlregale schauen. Seit Kurzem gibt es zumindest im Westen Deutschlands auch einige Filialen der belgischen Supermarktkette Delhaize, die Quorn unter anderem in der Form von Schnitzel, Pfeffersteak oder Cordon bleu führt.

Der Vollständigkeit halber: Tempeh

Tempeh ist ein traditionelles Fermentationsprodukt aus Indonesien. Es besteht aus gekochten Sojabohnen, die mit einem Edelschimmel beimpft werden. Tempeh enthält viele natürliche B-Vitamine, ist proteinreich und vielfältig würzbar, hat aber keine faserige Konsistenz, dic mit Fleisch zu vergleichen wäre – und es ist nicht wirklich lecker.

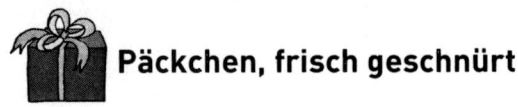

Feta-Päckchen 1

saftig, würzig

- 400 g Feta
- 120 g getrocknete, eingelegte Tomaten
- 3 Knoblauchzehen
- 1 Zwiebel
- 8-12 Thymianstiele
- schwarzer Pfeffer aus der Mühle
- Olivenöl
- Alufolie

Feta in 1 cm dicke Scheiben schneiden. Getrocknete Tomaten etwas abtropfen lassen und in grobe Streifen, Knoblauchzehen und Zwiebel in dünne Scheiben schneiden.

Alufolie mit etwas Öl fetten. Auf jede Folie zuerst Knoblauchscheiben und einige Zwiebelscheiben legen. Dann abwechselnd Feta, Tomaten und 2–3 Thymianstiele auf die Folie legen.

Die Alufolie über dem Käse zusammenschlagen und zudrücken. Etwa 10 Minuten auf dem Grill garen, dabei nicht wenden.

Feta-Päckchen 2

fruchtig

- 400 g Feta
- 2 Tomaten
- 1 rote Paprika
- 1 Zwiebel
- Pfeffer
- Salz
- frische Basilikumblätter
- Olivenöl
- Alufolie

Feta würfeln, ebenso Tomaten, Paprika und Zwiebel.

Auf 4 Stücke Alufolie zuerst die Zwiebel legen, darauf den Käse und obenauf das Gemüse. Mit Pfeffer und Salz würzen und leicht zerkleinerten Basilikumblättern krönen. Etwas Olivenöl dazugeben.

Etwa 10 Minuten auf dem Grill garen, dabei nicht wenden.

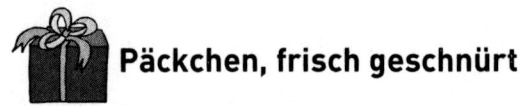

Päckchen, frisch geschnürt

Mangold-Päckchen mit Tofu

das verkannte Gemüse auf dem Grill

- 800 g Mangold
- 3 Tomaten
- 2 rote Paprikaschoten
- 150 g Mozzarella
- 400 g Tofu
- 4 EL Pesto alla Genovese
- Salz, Pfeffer
- Alufolie

Mangoldblätter von den harten Stielen befreien und blanchieren. Tomaten, entkernte Paprika und abgetropften Mozzarella in Scheiben schneiden.

Blanchierte Mangoldblätter ausbreiten, Tofuscheiben von beiden Seiten mit Pesto bestreichen und daraufsetzen.

Mit Tomaten, Paprika und Mozzarella belegen, kräftig mit Pfeffer und Salz würzen. Alles mit Mangold umwickeln, eventuell mit Küchengarn zusammenbinden und in Alufolie einschlagen.

Päckchen auf dem Grill 5–10 Minuten garen.

Variante für Veganer: Das Rezept schmeckt auch ohne Käse sehr gut.

Mangold mit Blauschimmelcreme

exquisit

- 800 g Mangold
- 200 g Blauschimmelkäse
- 2 EL Limonensaft (oder Zitronensaft)
- Olivenöl
- 100 g Walnusskerne
- 2 Knoblauchzehen, fein gehackt
- Salz, Pfeffer
- Alufolie

Mangoldblätter von den harten Stielen befreien und blanchieren.

Den Käse zerdrücken und mit Limonensaft, Olivenöl, Walnüssen, Knoblauch, Salz und Pfeffer verrühren.

Blanchierte Mangoldblätter auf Alufolie ausbreiten und mit der Käsecreme bestreichen. Die Blätter zusammenrollen und in Alufolie einschlagen.

Päckchen auf dem Grill etwa 5 Minuten garen.

Ziegenkäse im Tomatenbett

sehr würzig

- 4 mittelgroße Tomaten
- 8 Scheiben Ziegenkäse (ca. 500 g)
- einige Stiele Thymian, Rosmarin oder Oregano
- frisch gemahlener Pfeffer
- 4 EL Olivenöl
- nach Belieben Kräuter zum Garnieren
- Alufolie

Tomaten waschen, putzen und in dicke Scheiben schneiden. 4 Stücke Alufolie mit den Tomatenscheiben belegen. Je zwei Scheiben Ziegenkäse darauf verteilen.

Frische Kräuter waschen und trocken schütteln. Kräuter fein hacken und über die Tomaten und den Käse streuen. Mit Pfeffer würzen und die Alufolie verschließen.

Tomaten-Ziegenkäse-Päckchen bei mittlerer Hitze 8–10 Minuten grillen. Ziegenkäse vor dem Servieren mit hochwertigem Olivenöl beträufeln. Nach Belieben mit Kräutern garniert servieren.

Ziegenkäse mit Peperoni und Oliven

pikant

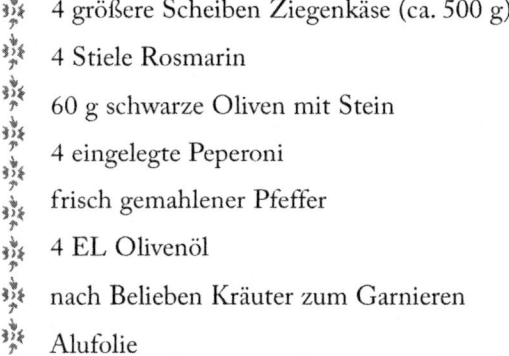

- 4 größere Scheiben Ziegenkäse (ca. 500 g)
- 4 Stiele Rosmarin
- 60 g schwarze Oliven mit Stein
- 4 eingelegte Peperoni
- frisch gemahlener Pfeffer
- 4 EL Olivenöl
- nach Belieben Kräuter zum Garnieren
- Alufolie

Alufolie mit etwas Öl einfetten, je 1 Scheibe Ziegenkäse darauflegen.

Rosmarinstiele waschen und trocken schütteln und auf den Käse geben. Oliven und Peperoni an den Rand des Käses legen. Mit Pfeffer würzen und die Alufolie verschließen.

Päckchen ca. 8–10 Minuten bei mittlerer Hitze grillen. Ziegenkäse vor dem Servieren mit Olivenöl beträufeln. Nach Belieben mit Kräutern garnieren.

Zucchini-Kartoffel-Päckchen

mild, italienisch

- 500 g kleine Kartoffeln
- 2 rote Paprikaschoten
- 2 Knoblauchzehen
- 400 g Zucchini
- 8 TL Pesto alla Genovese
- 8 TL Olivenöl
- Pfeffer, Salz
- Parmesanspäne zum Bestreuen
- Alufolie

Kartoffeln in Salzwasser kochen und abgießen. Paprikaschoten putzen und grob würfeln. Knoblauch fein hacken. Zucchini und gekochte Kartoffeln in 3 mm dicke Scheiben schneiden. Pesto alla Genovese mit Olivenöl mischen.

Alufolie leicht einfetten. Kartoffel- und Zucchinischeiben schuppenförmig auf die Folie schichten. Etwas Pesto-Öl darüberträufeln, salzen, pfeffern. Paprikawürfel und Knoblauch darüberstreuen.

Die Alufolie über dem Gemüse zusammenfalten. Die Päckchen bei mittlerer bis starker Hitze 5–7 Minuten grillen. Päckchen vor dem Servieren öffnen und mit Parmesanspänen bestreuen.

Raclette-Kartoffeln

das Schweizer Nationalgericht für den Grill

- 400 g Lauch- oder Frühlingszwiebeln
- 700 g gekochte Kartoffeln
- 125 g Raclettekäse
- 2 Gewürzgurken
- Butter oder Öl
- Salz und Pfeffer aus der Mühle + Paprikapulver
- ggf. 8 EL Weißwein
- frische Petersilie
- Alufolie

Lauch- oder Frühlingszwiebeln in Scheiben schneiden. In etwas Butter oder Öl in einem Topf 2 Minuten andünsten. Gekochte Kartoffeln pellen und in Scheiben schneiden.

4 Stücke Alufolie mit etwas Butter oder Öl fetten. Geschnittene Kartoffeln schuppenförmig darauf legen. Die Lauch- oder Zwiebelscheiben darauf verteilen und mit Salz und Pfeffer würzen. Eventuell 2 EL Weißwein auf jede Folie geben. Gemüse mit Käse bedecken und mit Gurkenscheiben garnieren.

Die Folie hochklappen und gut verschließen.

Etwa 10 Minuten bei mittlerer Hitze grillen, dabei nicht wenden. Nach dem Grillen die Folie öffnen und Kartoffeln mit etwas Petersilie bestreut servieren.

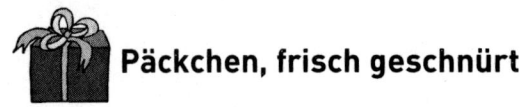

Päckchen, frisch geschnürt

Gemüse im Bananenblatt

exotisch, etwas aufwändiger, vegan

- je 100 g Möhren, Schalotten oder Lauch, grüne Bohnen, Sojasprossen
- 100 g Reis
- 50 g Tiefkühlerbsen, aufgetaut
- 1 Chilischote, entkernt
- 1 Stück Ingwer, etwa walnussgroß
- Sojasauce + Pfeffer
- Öl zum Braten
- 6 Bananenblätter

Möhren in Stifte, Schalotten oder Lauch in Streifen schneiden, Bohnen putzen und in 2 cm lange Stücke schneiden. Parallel den Reis kochen.

In einem Wok oder einer Pfanne Öl erhitzen und Möhren, Schalotten, Bohnen, Sprossen und Erbsen unter stetigem Wenden etwa 5 Minuten braten. Dann das Gemüse an den Rand des Woks schieben. In der Mitte die Sprossen kurz anbraten und alles gut vermischen. Mit Ingwer, Chilischote, Sojasauce und Pfeffer abschmecken. Am Ende den Reis unterheben.

Bananenblätter gut waschen, abtrocknen und in etwa 10 x 20 cm große Stücke schneiden. Jeweils 3 EL Gemüsereis in ein Bananenblatt einwickeln. An beiden offenen Seiten mit einem Zahnstocher zusammenstecken und auf dem Rost bei schwacher Hitze erhitzen. Die Bananenblätter nicht mitessen.

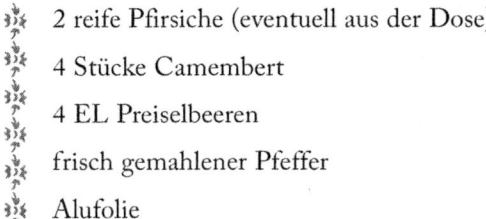

Gebackener Camembert

fruchtig pikant

- 2 reife Pfirsiche (eventuell aus der Dose)
- 4 Stücke Camembert
- 4 EL Preiselbeeren
- frisch gemahlener Pfeffer
- Alufolie

Pfirsiche schälen, halbieren, die Kerne entfernen.

4 Stücke Alufolie leicht einfetten und mit dem Camembert belegen. In die Mitte des Käses einen Löffel Preiselbeeren geben, darauf je eine Pfirsichhälfte mit der Schnittseite nach unten setzen. Mit einer Prise Pfeffer würzen und die Alufolie verschließen.

Päckchen auf Grill legen und bei schwacher bis mittlerer Hitze etwa 10–15 Minuten grillen.

Alufolie

*****

Dies ist so ein Thema, bei dem sich die Geister scheiden: Die dünne, flexible Alufolie ist geschmacksneutral, aromadicht und hitzebeständig; im Haushalt also unschlagbar praktisch, unter ökologischen Gesichtspunkten aber eigentlich tabu. Denn die Aluminiumproduktion ist überaus energieaufwendig, die Förderung des Ausgangsstoffs Bauxit landschaftszerstörend und chemieintensiv – mit den entsprechenden hochgiftigen Abfällen.

Hinzu kommt, dass sich Alufolie nach Gebrauch nicht vom Hausmüll abtrennen und – da die Folie extrem dünn gewalzt ist – kaum recyceln lässt.

Während es im Haushalt zu Alufolie eigentlich immer eine Alternative gibt (Frischhaltefolie, Backpapier oder wiederverwendbare Kunststoffdosen), wird es beim Grillen schon etwas schwieriger: Käse, Gemüsepäckchen oder Kartoffeln etwa ohne Alufolie vor dem Totalverlust zu bewahren, ist nicht so ganz einfach. Wer etwas experimentierfreudiger ist, sollte es einmal mit Kohl-, Bananen- oder Rhabarberblättern versuchen (die man natürlich nicht mitisst). Bananen lassen sich einfach in der eigenen Schale grillen und die meisten Gemüsesorten (mit Ausnahme von Blattgemüsen) können die direkte Hitze gut vertragen und schützen ihre Füllung hervorragend.

Was wirklich nicht sein muss: Grillpfannen aus Alu. Wer meint, es wäre zu ungesund, das Grillgut über die offene Glut zu legen, oder der Rost dürfe nicht schmutzig werden, verwende wiederverwendbare Metallschalen oder gleich einen Elektrogrill. Auch dünne Steinplatten aus Schiefer oder Speckstein schützen vor dem Geschmack und der Hitze der offenen Glut.

Fruchtiges

Bananen-Halloumi-Spieße

exotisch

- 1 gelbe oder rote Paprika
- 4 Frühlingszwiebeln
- 2 Bananen
- 100 g Halloumi
- Curry, edelsüßes Paprikapulver
- 4 gewässerte Holz- oder Metallspieße

Gemüse, geschälte Bananen und den Käse in etwa 2 cm große Stücke schneiden.

Gemüse, Käse und Bananen abwechselnd auf die Spieße stecken und mit den Gewürzen bestreuen.

Von allen Seiten einige Minuten grillen.

Flambierte Bananen

nicht für Kinder geeignet

- 4 Bananen
- 8 TL Grand Manier
- etwas Zucker

Die Bananen mit Schale auf den Rost legen, bis sie dunkelbraun bis schwarz sind und aufplatzen.

Vom Grill nehmen und auf einem feuerfesten Teller mit einem Messer längs aufschneiden. Die Schale entfernen.

Teller auf den Grill stellen und erwärmen. Bananenfleisch mit etwas Zucker bestreuen und mit Grand Marnier begießen. Mit einem Grillhandschuh vom Rost nehmen (sehr heiß) und kurz vor dem Verzehr den Alkohol entzünden.

Variante: Schmeckt auch mit braunem Rum sehr gut!

Schokobananen

ein nicht ganz leichter Nachtisch

- 6 Bananen
- 2 Tafeln Vollmilch- oder Zartbitterschokolade

Bananen vor dem Grillen auf der „Innenseite“ längs einschneiden und Schokoladenstückchen unter die Schale stecken.

Seitlich auf den Grill legen und von beiden Seiten grillen, bis die Schale fast schwarz ist.

Die Schokobananen aus der Schale löffeln oder die Schale entfernen. Dazu passt Vanilleeis.

Zwetschgenspieße

großartig, wenn sich der Sommer dem Ende zuneigt

- 500 g Zwetschgen
- Zucker
- Zimt
- 10 gewässerte Holz- oder Metallspieße

Die Zwetschgen (keine Pflaumen) halbieren, die Steine entfernen. Zwetschgenhälften auf Spieße stecken und auf dem Grill garen.

Mit etwas Zucker und Zimt servieren. Wer mag, kann auch etwas Butter darübergeben.

Variante: Die Zwetschgenspieße schmecken hervorragend flambiert. Dazu gegarte Spieße auf einem feuerfesten Teller auf den Grill stellen und wenige Minuten erwärmen. Die Spieße mit etwas Zucker und Zimt bestreuen und mit Zwetschgenwasser (oder auch braunem Rum) begießen. Mit einem Handschuh vom Rost nehmen (sehr heiß) und erst kurz vor dem Verzehr den Alkohol entzünden.

Birnenhälften mit Roquefort

french delight

- 4 Birnen
- 100 g Roquefort oder Blauschimmelkäse
- 40 g Butter
- weißer Pfeffer
- Zitronensaft

Die Birnen halbieren und die Kerngehäuse großzügig entfernen.

Roquefort mit Butter und etwas Zitronensaft cremig rühren und mit etwas Pfeffer abschmecken.

Die Birnenhälften mit der flachen Seite etwa 5 Minuten bei mittlerer Hitze grillen. Dann umdrehen und mit der Käsemasse füllen. Weitere 5 Minuten grillen.

Zwiebel-Obst-Spieße

fruchtige Beilage

- 12 Zwetschgen
- 2 Pfirsiche
- 6 Aprikosen
- 12 Schalotten
- 6 gewässerte Holz- oder Metallspieße

Zwetschgen entkernen, Pfirsiche in Spalten schneiden, Aprikosen entkernen und halbieren. Zwiebeln schälen und eventuell vierteln. Obst und Zwiebeln abwechselnd auf Grillspieße stecken.

Die Spieße etwa 8 Minuten grillen und zwischendurch – wenn gewünscht – mit Butter bestreichen.

Variante: Statt mit frischem Obst schmecken die Spieße auch mit Dörrobst sehr gut. Dazu getrocknete Pflaumen und Aprikosen (ohne Stein) mit einer kleinen roten Chili in Weißwein aufkochen und etwa eine Viertelstunde ziehen lassen. Dann mit den Zwiebeln auf Spieße stecken.

Obstspieße mit Schoko-Marshmallow-Sauce

Kalorienbombe nach US-amerikanischer Art

- 2 Bananen
- 2 Kiwis
- 1 Pfirsich
- 20 g Butter
- Saft 1 unbehandelten Zitrone
- 1 TL Zimt
- 100 g Schokolade
- 100 ml Sahne
- 8 Marshmallows
- 6 gewässerte Holz- oder Metallspieße

Obst in etwa 2 cm große Stücke schneiden und abwechselnd auf Spieße stecken. Weiche Butter, Zitronensaft und Zimt verrühren und die Früchte damit bestreichen.

Schokolade, Sahne und Marshmallows in einem Topf erwärmen, bis die Zutaten geschmolzen sind.

Obstspieße etwa 3–4 Minuten grillen, dabei wenden. Mit der Sauce anrichten.

Ananas „indisch"

sehr exotisch

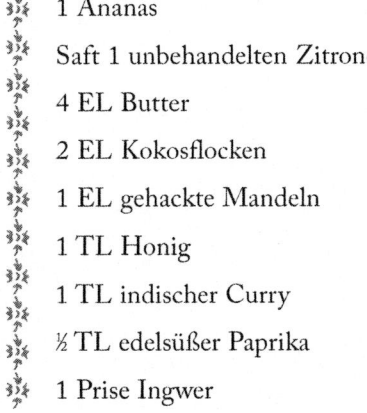

- 1 Ananas
- Saft 1 unbehandelten Zitrone
- 4 EL Butter
- 2 EL Kokosflocken
- 1 EL gehackte Mandeln
- 1 TL Honig
- 1 TL indischer Curry
- ½ TL edelsüßer Paprika
- 1 Prise Ingwer

Ananas schälen und in fingerdicke Scheiben schneiden. Restliche Zutaten miteinander vermengen.

Ananasscheiben auf dem heißen Rost grillen und auf dem Teller mit der Masse bestreichen.

Variante: Statt Ananas schmecken auch Bananen „indisch" sehr köstlich. Man schneidet die Früchte seitlich auf, gibt eine Marinade aus Zitrone, Curry, Paprika und etwas Chili hinein und legt sie so auf den Grill.

Trockenobstspieße

als Beilage oder Nachtisch

- 300 g gemischte Trockenfrüchte
- Saft einer unbehandelten Zitrone
- Wasser
- 2 EL Butter
- 4 gewässerte Holz- oder Metallspieße

Trockenobst eine Stunde mit Wasser bedeckt quellen lassen. Anschließend trocknen. Früchte abwechselnd auf Spieße stecken und mit dem Zitronensaft beträufeln.

Unter mehrfachem Wenden die Obstspieße 10 Minuten lang grillen. Ab und zu mit Butter bestreichen.

Bratäpfel

eine Sommer-Winter-Begegnung

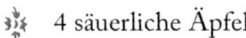

- 4 säuerliche Äpfel
- 4 Trockenpflaumen oder getrocknete Feigen
- 4 EL Rosinen
- 4 EL Mandelsplitter
- Saft einer unbehandelten Zitrone
- 2 EL Butter

Von den Äpfeln das Kerngehäuse großzügig entfernen.

Mit je einer halben Trockenpflaume oder Feige das untere Bohrloch verschließen, dann Rosinen und Mandelsplitter einfüllen, etwas Zitronensaft daraufträufeln und ein Stück Butter dazugeben. Das obere Loch wieder mit einer halben Trockenfrucht verstopfen.

Die Äpfel etwa 20 Minuten grillen, dabei ab und zu wenden.

Grillkohle

*****

Grillkohle (oder Holzkohle) wird – das ist klar – aus Holz hergestellt. Daher ist es ebenso klar, dass man Produkte meiden sollte, die möglicherweise aus illegal gewonnenem Holz hergestellt sind: Eine Gewähr dafür bietet das Siegel des Forest Stewardship Council (FSC): FSC-Holzkohle wird in Baumärkten, Supermärkten und Tankstellen angeboten. Die Rohstoffe dafür stammen aus nachhaltiger Waldbewirtschaftung. Das Siegel, ein stilisierter Baum mit der Abkürzung FSC, steht nach Einschätzung zahlreicher Umweltorganisationen wie dem WWF, Greenpeace und Robin Wood für das derzeit einzige internationale Zertifizierungssystem, dessen Vorgaben eine umweltverträgliche und sozial verantwortliche Nutzung der Wälder garantieren.

Der Bund für Umwelt und Naturschutz Deutschland (BUND) rät, beim Kauf der Grillkohle zumindest auf das Herkunftsland zu achten. Grillkohle aus Deutschland stammt in der Regel aus heimischem Holz. So werden Tropenwälder geschont und lange

Transportwege vermieden. Viele Produkte sind außerdem mit dem DIN-Prüfzeichen gekennzeichnet. Dies sichert einen Mindeststandard hinsichtlich Qualität und geringer Umweltbelastung. Im sogenannten Retortenverfahren werden bei der Herstellung dieser Grillkohle umweltschädliche Stoffe, die beim Grillen entweichen könnten, aufgefangen und destilliert.

Register

Grillgemüse

Spieße

Päckchen, frisch geschnürt

Fruchtiges

Torsten Mertz, geboren 1969 in Köln, ist Redakteur und Autor (Schnellkurs Ökologie/Dumont Verlag) und seit 20 Jahren Vegetarier. Er arbeitet zu den Themen Umwelt, Nachhaltigkeit und Unternehmensverantwortung und lebt in Augsburg.

*****

„Gemüse ist mein Fleisch“ ist mehr als ein Buch mit vegetarischen Grillrezepten: Unter **www.gemuese-ist-mein-fleisch.de** gibt es trendige Shirts, informative Beiträge – und bald weitere ultimativ günstige Sammlungen köstlicher fleischloser Rezepte.